Guide du Bien-être pour Chats

(et pour leurs maîtres)

Guide du Bien-être pour Chats

(et pour leurs maîtres)

Textes Claire Gaudin *Illustrations* Christian Gaudin

le Relié

Pour Shiki et Mirka
qui ont quitté le monde des chats

Nous tenons à témoigner notre tendre affection à nos parents Guy et Alice Gaudin.
Hommages à tous nos ancêtres des familles Gaudin, Joyeux, Drutel,
Pierre, Daugeard, Plais, Brunet-Levy, Royer;
ainsi qu'à Rémy et Colette Chaloin.
Merci à notre frère Jean-Marc et à Teddy pour leurs bons conseils.

« J'ai beaucoup étudié les philosophes et les chats. La sagesse des chats est infiniment supérieure. »
Hippolyte Taine, philosophe et libre penseur
(1828-1893)

« *S'asseoir tranquillement, ne rien faire.*
Vient le printemps, et l'herbe pousse d'elle-même. »
Dicton de chats zen

LA FÉLINE ATTITUDE

Nous les chats, qui vivons tranquillement à vos côtés, nous savons que votre vie devient de plus en plus pénible.
Pourtant, malgré le stress ou la fatigue, il est facile de se sentir bien et en bonne santé, il suffit d'avoir la féline attitude !
La féline attitude, c'est avant tout la recherche du bien-être dans la détente et la ronronthérapie. Cinq minutes de relaxation, de respiration ou d'automassage, et c'est le début du bonheur.

Vous découvrirez dans ce guide quelques techniques simples et accessibles qui vous aideront tout au long de la journée.

Offrez-vous un peu de temps, les bipèdes !

« *Tous les hommes ont une montre, mais ils n'ont jamais le temps.* »
Proverbe félin

TABLE DES MATIÈRES

LE MATIN

NOS TRUCS INDISPENSABLES POUR BIEN COMMENCER LA JOURNÉE.
Partir de la bonne patte.

« *Fais du bien à ton corps pour que ton âme ait envie d'y rester.* »
Proverbe indien

AU RÉVEIL

Qu'il est doux le temps du sommeil, lové au creux de la couette ! Pour prolonger ce moment délicieux, nous ne bondissons jamais brusquement du lit. Au contraire ! Nous avons l'habitude de nous étirer plusieurs fois, en bâillant. Afin d'éliminer les toxines et pour nous réhydrater, nous lapons un grand verre d'eau à température ambiante.

Il est temps de se lever ? Placé sur le flanc, genoux repliés, nous enroulons le dos en commençant par la tête. Avec l'aide des bras, nous voici assis sans effort. Ce mouvement doux évite de faire souffrir la nuque et la colonne vertébrale.

Debout, devant la fenêtre ouverte, nous nous étirons de nouveau en respirant profondément. Petite chose fragile privée de fourrure, enfilez un vêtement pour éviter la chair de poule !

LE VENTRE : NOTRE DEUXIÈME CERVEAU

Quoi de plus banal que respirer ? Une bonne respiration permet de mieux gérer le stress alors que les soucis et les angoisses contractent l'abdomen.

Une bonne respiration accroît la vitalité physique et énergétique du corps. C'est aussi un massage naturel des viscères.

La communauté des chats appelle les intestins « le deuxième cerveau ». Les intestins sécrètent 95 % de la sérotonine, un anti-dépresseur qui régule le sommeil, l'humeur, l'appétit, les impulsions. Le ventre est aussi le foyer de nos défenses immunitaires.

Pour les chats d'autrefois, être en bonne santé, c'était « avoir les pattes chaudes, la tête froide, et le ventre libre ».

LE PETIT-DÉJEUNER ÉNERGÉTIQUE : MANGEZ DE L'AIR !

Avant de déguster leurs croquettes, les félins ont l'habitude de faire une petite séance de respiration. C'est notre petit-déj' énergétique ! Voulez-vous essayer avec nous ?

Allongé sur le dos, genoux pliés, pieds posés devant les fesses, nous posons une main sur l'abdomen et l'autre sur le thorax en observant la respiration sans la modifier. Puis nous relâchons les pattes le long du corps. Habituellement, lorsque nous désirons respirer profondément, nous commençons toujours par inspirer. Pourtant, pour pouvoir bien remplir les poumons il faut commencer par les vider à fond.

Imaginez que votre ventre est un ballon de baudruche bien gonflé : commencez par expirer profondément, videz à fond.

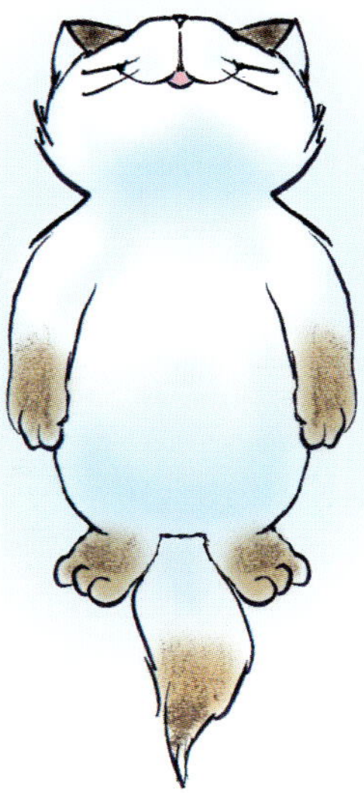

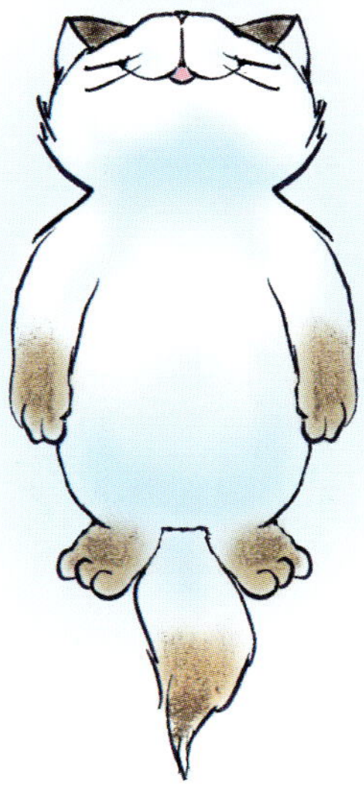

À à la fin de l'expiration, attendez l'envie d'inspirer avant de reprendre de l'air. Goûtez cet instant de transparence.

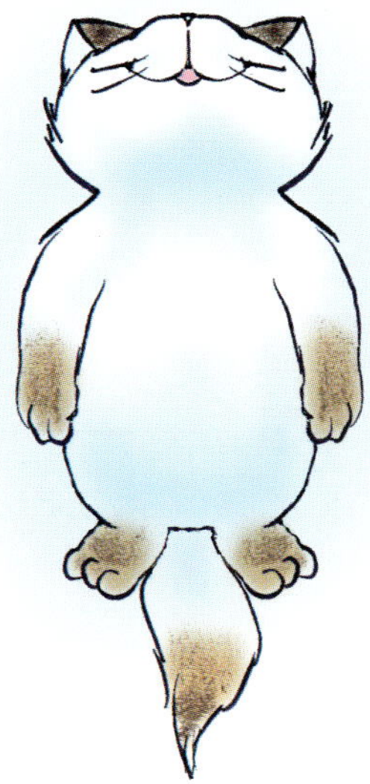

À l'inspiration, ne forcez pas. Privilégiez toujours l'expiration.

Vous saurez bientôt respirer comme un chat. Maintenant, vous avez bien mérité de prendre un vrai petit-déjeuner !

EN ROUTE POUR UNE BONNE JOURNÉE !

LA MÉDITATION DES PIEDS

La marche nous aide à maintenir une bonne minéralisation des os et les pieds agissent comme des pompes qui renvoient le sang vers le cœur.

Nous pratiquons quotidiennement « la méditation des pattes » en plaçant toute notre conscience dans les coussinets plantaires et le contact avec le sol.
Portez votre attention sur la plante des pieds en respirant profondément.
Essayez de limiter le vagabondage mental et regardez globalement autour de vous sans rien fixer de particulier.

Pour les traditions orientales, le corps est régi par différents courants énergétiques : énergie positive (yang, stimulante) et énergie négative (yin, calmante).
Afin de partir du bon pied, servez-vous de « l'énergie d'accélération yang ».
1- Inspirez sur place avant de démarrer.
2- Expirez en faisant le premier pas avec le pied droit. Puis marchez normalement en vous concentrant sur le contact des pieds avec le sol.

Il nous arrive souvent de nous retrouver dans une situation un peu ridicule, perchés en haut d'un arbre. Que faisons nous pour redescendre ? Nous utilisons « l'énergie de freinage » yin ! Faites de même dans les escaliers ou pour redescendre d'une montagne.
Expirez en restant immobile, inspirez en posant le pied gauche sur la première marche. Continuez sans vous préocuper de la respiration.

1

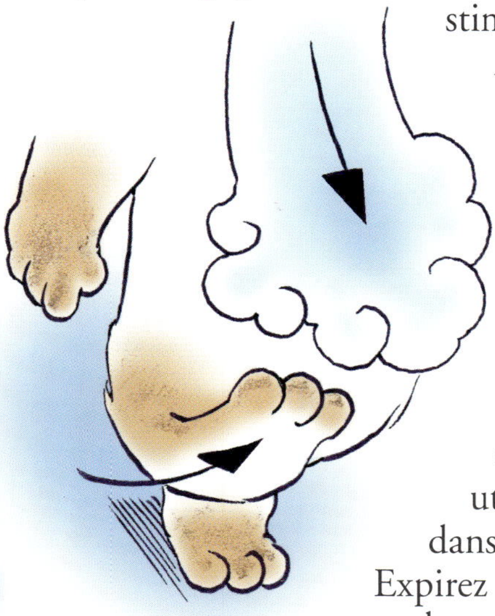

2

ASSIS DANS LES TRANSPORTS EN COMMUN

Bien à l'abri dans notre panier, nous adorons dévisager les voyageurs. Et nous avons souvent l'impression de nous balader au pays des grognons : que de mâchoires crispées autour de nous ! La détente des mâchoires relaxe tout le visage.

« MANDIBULLER »

Installez-vous confortablement, le dos droit, en plaquant le bas du dos contre le siège, menton légèrement rentré.

Fermez les yeux et relâchez les mâchoires : ouvrez un peu la bouche, laissez pendre la mâchoire inférieure, les lèvres légèrement entrouvertes.

Notez la détente immédiate du visage.

Visualisez une image apaisante de la nature qui vous est agréable : un paysage verdoyant, une nuit étoilée, une prairie parsemée de fleurs des champs…

Avec l'habitude, vous arriverez à « mandibuller » en quelques instants.

DEBOUT DANS LES TRANSPORTS EN COMMUN

L'ANCRE DU VENTRE

Lors de nos promenades sur les toits nous utilisons l'énergie du hara, centre de gravité du corps. Tenir debout en équilibre dans un véhicule en mouvement ne nous pose aucun problème ! Si vous voulez devenir aussi adroit qu'un matou, amusez-vous à faire le petit exercice suivant.

Pieds un peu écartés, portez votre attention sur le hara, situé derrière le nombril. Respirez dans le ventre. À la fin de l'inspiration, avant d'expirer, contractez fortement la zone du périnée, entre sexe et anus. Cette pratique est très utile pour les minettes et les femmes après les accouchements ou à la ménopause.
Si vous êtes très concentré, vous serez capable de rester en équilibre sans vous tenir !

LA PETITE PRAIRIE DANS LA POCHE

Vos sens limités sont des sujets de plaisanterie entre nous : on dit d'un matou enrhumé « qu'il a un nez d'homme ».

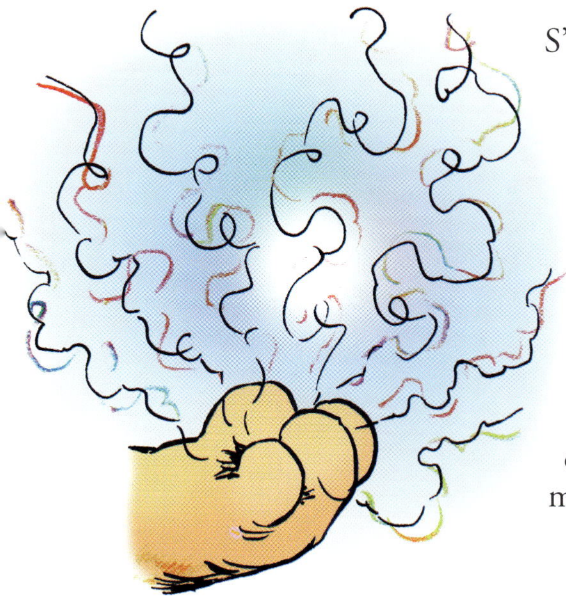

S'il vous arrive d'être incommodé par certaines odeurs, voici un bon antidote : avoir toujours dans la poche des végétaux odorants, une poignée de foin, un sachet de graines de lavande, une branche de thym frais, une peau de clémentine, à tripatouiller et humer avec volupté !

À défaut, emportez un mouchoir parfumé avec une ou deux gouttes d'huiles essentielles biologiques : citron, romarin, lavande, géranium odorant. Ces huiles doivent être manipulées avec précaution.

DANS LA JOURNÉE : CHEZ SOI ET AU TRAVAIL

LA FÉLINE ATTITUDE POUR PASSER UNE BONNE JOURNÉE

Le monde a bien changé au cours du siècle dernier.
Certains y ont gagné en confort et santé, d'autres en subissent les conséquences.
Les technologies modernes en particulier peuvent engendrer des troubles auditifs et visuels, des insomnies, du stress ou de la dépression. Les sollicitations perpétuelles des médias et d'Internet entraînent fatigue cérébrale, manque de concentration et zapping mental. À défaut de changer le monde, nous pouvons vous donner quelques petits trucs.

« *Quand on ne travaillera pas le lendemain des jours de repos, la fatigue sera vaincue.* »
Pierre Dac (humoriste, 1893-1975)

COMMENT SE CONCENTRER TOUT EN LÂCHANT PRISE

Nous avons souvent l'impression d'abriter une horde de souris bavardes sous notre crâne. Et là, impossible de se boucher les oreilles ! Les hommes souffrent aussi de ce brouhaha perpétuel. Les pensées servent de bruit de fond au mental qui n'aime ni le vide ni le silence. Mais comment lâcher prise ?
Nous vivons souvent dans « l'instant d'avant » ou « l'instant d'après » en oubliant l'instant présent. Interrompre ce bavardage quelques secondes est très relaxant et apporte une grande paix intérieure.

QUELQUES SECONDES DE SILENCE

Essayez de rendre le mental silencieux le temps d'une respiration, une seule.

Observez les pensées passer les unes après les autres sans intervenir et glissez cette respiration silencieuse entre deux pensées. Goûtez ces quelques secondes de silence. L'esprit paisible permet de mieux gérer les agressions et de prendre un peu de recul.

Inventez votre propre jeu du silence, comme interrompre le dialogue intérieur chaque fois que vous ouvrez une porte ou lorsque vous buvez un verre d'eau.

Puis retournez vaquer à vos activités.

UNE ACTIVITÉ CONSCIENTE PAR JOUR

Choisissez une action courante comme faire la cuisine, brosser votre chat ou arroser les plantes vertes. Lorsque vous préparez les légumes, ne pensez pas à autre chose. Soyez détendu, mais très attentif à ce que vous faites : ces activités domestiques deviendront d'agréables moments de détente !

LA MINUTE DE PLEIN AIR

Essayez d'affiner la conscience de votre respiration en étant concentré sur votre souffle une minute par heure. Portez votre attention sur le circuit de l'air des narines aux poumons, des poumons aux narines. Si votre esprit s'échappe, revenez à la respiration sans lui en tenir rigueur.

« *L'idéal du calme est dans un chat assis.* »
Jules Renard (1864-1910)

COMMENT SE RELAXER AU COURS DE LA JOURNÉE

LES SECRETS DE LA DÉTENTE IMMÉDIATE

Les matous sont les princes de la détente ! En toutes circonstances, nous trouvons toujours le moyen de nous relaxer, et ceci dans les postures les plus insolites. Lorsque la moutarde nous monte au nez, nous pratiquons l'un des exercices suivants. Voulez-vous essayer ?

La poupée de chiffons
Assis sur une chaise, placez les mains sur les cuisses, pieds écartés, inspirez.

À l'expiration se pencher en avant entre les jambes, le corps complètement relâché.

Redressez-vous doucement.

Le chant du bourdon
Bouchez les oreilles avec les doigts, inspirez par le nez, expirez longuement, bouche fermée, en émettant un bourdonnement.

Les trois singes
Massez devant et derrière les oreilles, laissez les mains en place, fermer les yeux et la bouche.

Sieste minute
Fermer les yeux quelques instants en vous rappelant un événement heureux où l'amour était le sentiment dominant.

Vous reprendrez bien une bouffée d'air frais ?
Ouvrez la fenêtre ou sortez quelques minutes dehors afin de respirer autre chose que de l'air en boîte.

Comme au réveil, étirez-vous en bâillant,
puis levez les bras au-dessus de la tête à l'inspiration.

Gardez l'air quelques instants dans vos poumons en accentuant l'étirement.

Redescendez les bras à l'expiration en les relâchant totalement.

Faites six fois cette respiration.

Et n'oubliez pas de noter sur un post-it : « penser à relâcher les mâchoires ».

MASSAGES EXPRESS

LA RÉFLEXOLOGIE

L'ensemble du corps contient des zones réflexes liées aux os, aux muscles et aux organes. Les extrémités comme les pattes, les mains et la tête en sont le plus pourvues. Le massage de ces points réflexes agit «à distance» sur la zone correspondante.

Certains points douloureux peuvent révéler un déséquilibre à cet endroit. Insistez peu sur ces zones sensibles, massez-les plutôt régulièrement.

Ces massages très efficaces demandent quelques minutes, mais si vous avez peu de temps, privilégiez le massage les oreilles.

LES OREILLES

Ce joli coquillage contient les zones réflexes de l'ensemble du corps. Oui, les chats aiment bien se faire tirer les oreilles !

1

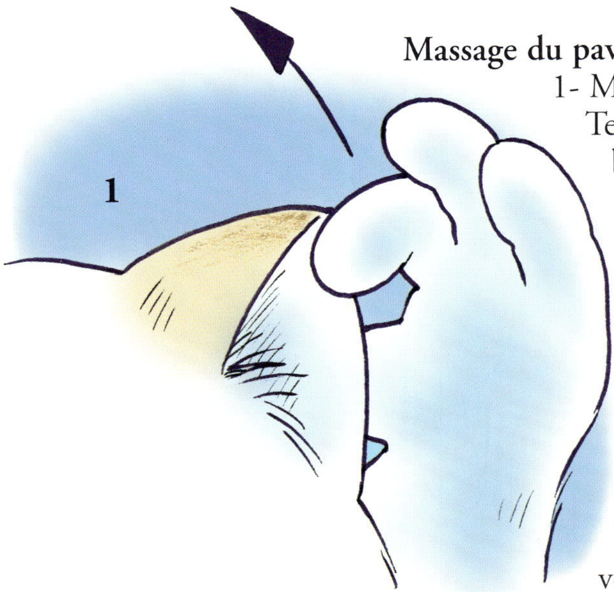

Massage du pavillon

1- Massez les deux oreilles en même temps. Tenez entre le pouce et l'index l'ourlet du bord externe du pavillon et tirez assez vigoureusement vers le haut. Commencez par la partie supérieure et continuez de même sur tout le pourtour de l'oreille jusqu'au lobe inclus.

2 - Formez une pince en plaçant l'index à l'intérieur de l'oreille et le pouce à l'extérieur. Glissez le pouce du centre vers l'ourlet en tirant légèrement. Commencez près du lobe et remontez vers le haut du pavillon.

2

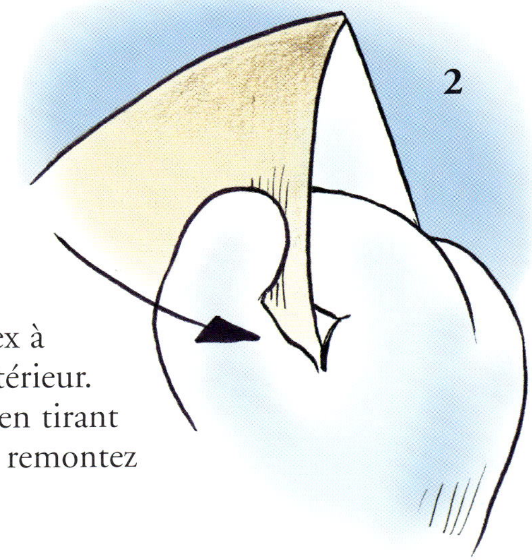

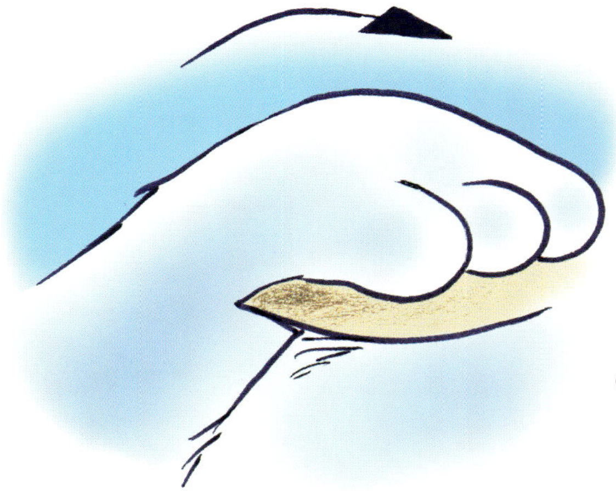

Les doigts sont bien tendus afin d'utiliser le tranchant de la main. Placez les petits doigts derrière les oreilles et rabattez le pavillon rapidement vers l'avant. À faire plusieurs fois.

Massez avec les doigts la partie du crâne entourant l'oreille, c'est une zone énergétique importante.

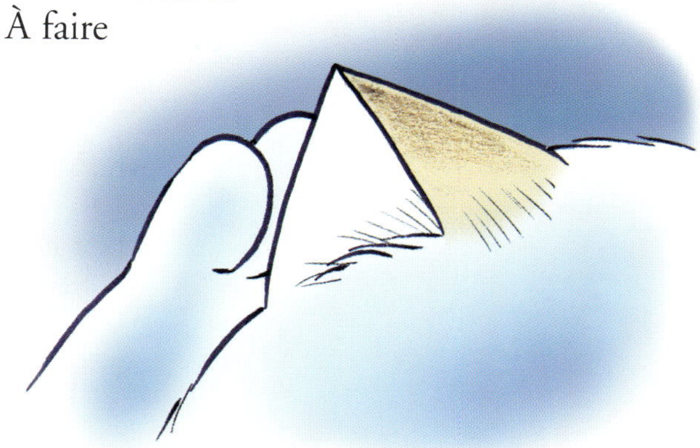

Massage de l'intérieur de l'oreille

Massez l'intérieur de l'oreille avec les index. Masser attentivement l'ensemble du pavillon.

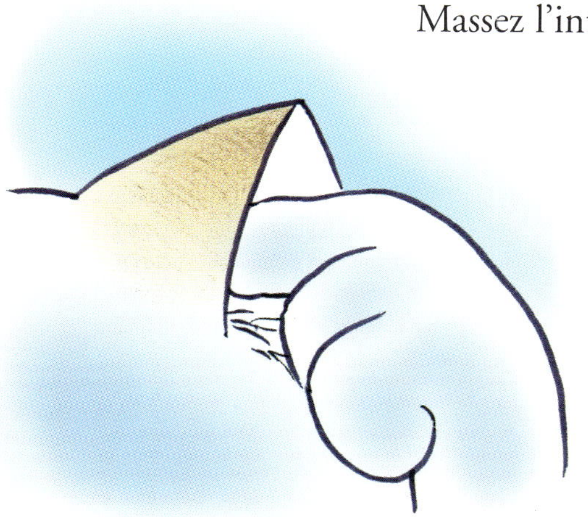

« L'oreille est le chemin du cœur. »
Voltaire (1694-1778)

LE CRÂNE

Les matous ont rarement mal aux cheveux !
Explorez, tâtez, palpez, tripotez, massez l'ensemble du crâne avec les doigts des deux mains.

Vous découvrirez peut-être des zones ou des creux douloureux à la pression. L'énergie stagne dans ces creux, aussi attardez-vous un peu sur ces endroits sensibles.

Si vous rencontrez une zone très douloureuse, massez-la doucement une fois par jour.

Les poings fermés avec les poignets très souples, tapotez tout le crâne à petits coups rapprochés.

Tirez l'ensemble de la chevelure en prenant les cheveux par poignées avec les deux mains. (À éviter si vous perdez beaucoup de cheveux.)

LES MAINS

Massage des doigts

De nombreux méridiens énergétiques se terminent aux extrémités des mains et des pieds.
Massez chaque doigt de bas en haut, avec le pouce et l'index, par un mouvement de vissage et d'étirement.
Lorsque vous arrivez au bout du doigt, pressez de chaque côté de l'ongle.

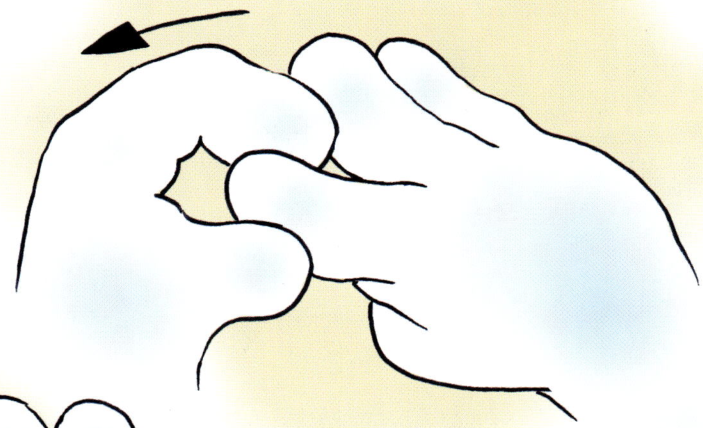

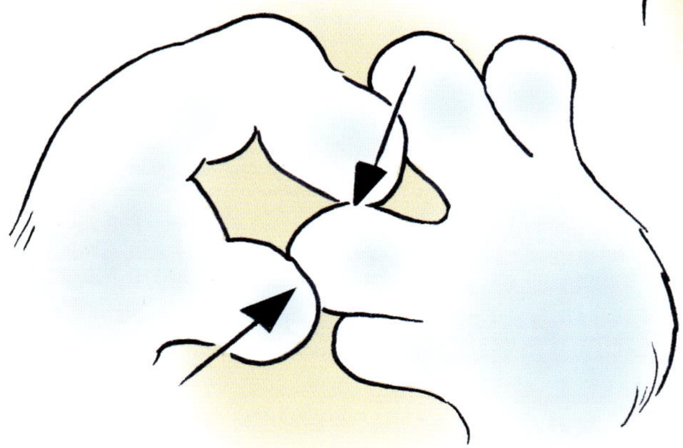

Massage de la paume

Massez l'ensemble de la paume avec la pulpe du pouce.

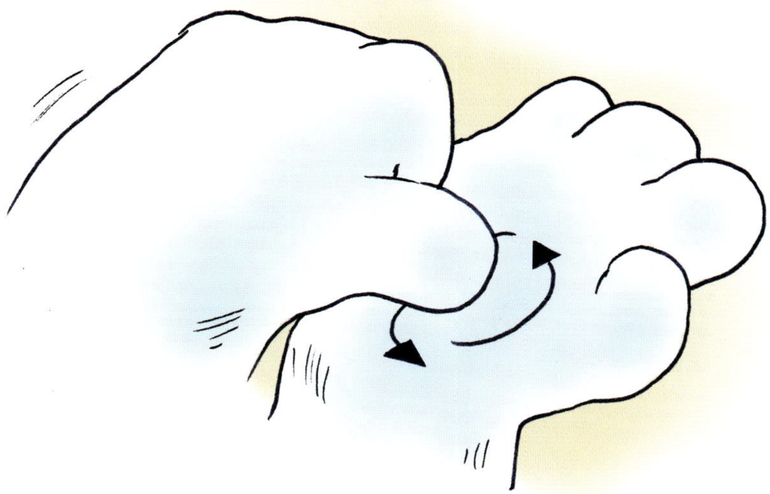

Massage du dessus de la main

Massez avec le pouce les sillons situés entre les os en direction du poignet.
Massez le centre du poignet dessus et dessous.

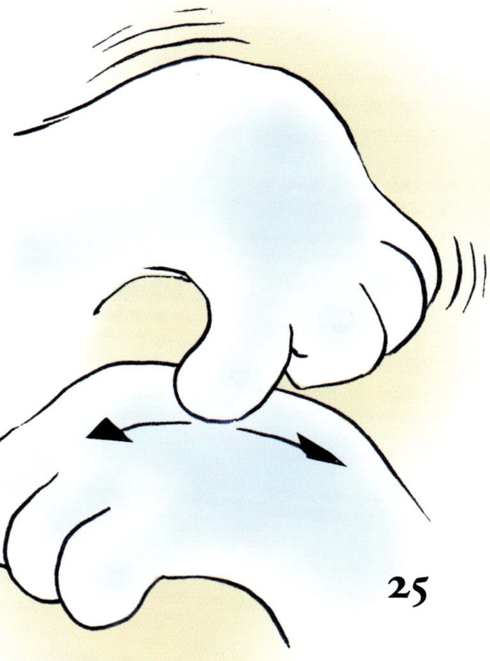

TROIS POINTS DE SANTÉ DE JI-JO

L'acupressure, pratiquée par les félins chinois depuis des millénaires, permet de rétablir l'équilibre énergétique du corps. Les points énergétiques des méridiens sont stimulés par pression sur la peau. Cette technique s'appelle ji-jo (signifiant premiers secours). Les femmes enceintes s'abstiendront de la pratiquer, certains points d'acupressure étant interdits pendant la grossesse.

Le point des racines de l'esprit

Il clarifie l'esprit et diminue les tensions dans les yeux, la nuque et la gorge. En haut des tempes, à la limite des cheveux, à la verticale des yeux, masser avec la pulpe des doigts en mouvements circulaires.

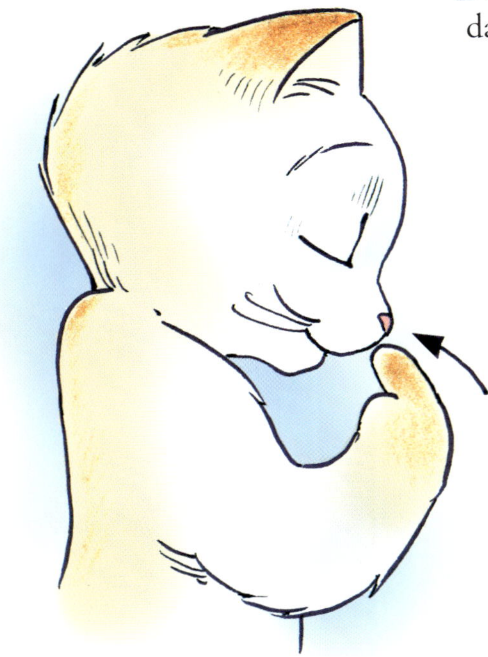

Le point des vapeurs

En cas d'évanouissement, de faiblesse ou de torpeur : appuyez fortement au centre de la fossette située entre le nez et la lèvre supérieure.

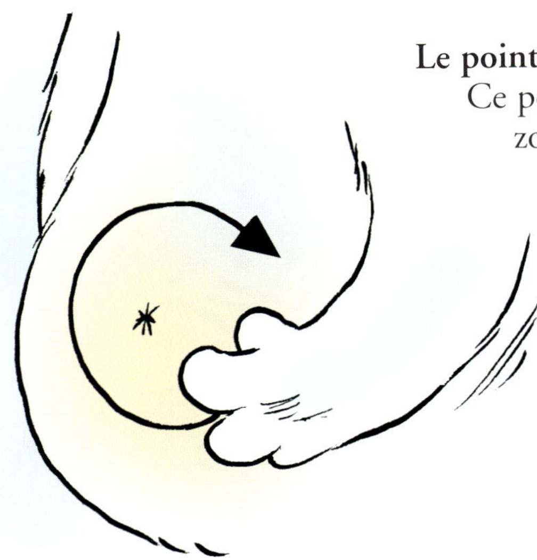

Le point de l'apaisement

Ce point soulage l'anxiété. Massez la zone du hara en tournant autour du nombril dans le sens des aiguilles d'une montre.

COMMENT VIVRE EN HARMONIE AVEC LES NOUVELLES TECHNOLOGIES

L'ORDINATEUR

Les yeux
Les minous qui se promènent perchés loin du bitume, admirent la ligne bleue des toits et l'ourlet brillant des nuages. Regarder ainsi à l'horizon détend les muscles des yeux. En ville, le regard bute sans cesse sur les bâtiments et les obstacles, aussi, lorsque vous marchez dans la rue, regardez le plus loin possible.
Si vous fixez le même objet pendant des heures, comme un écran ou un document, de la fatigue et des troubles visuels apparaissent. Nous vous proposons quelques exercices qui vous aideront à améliorer votre vision.

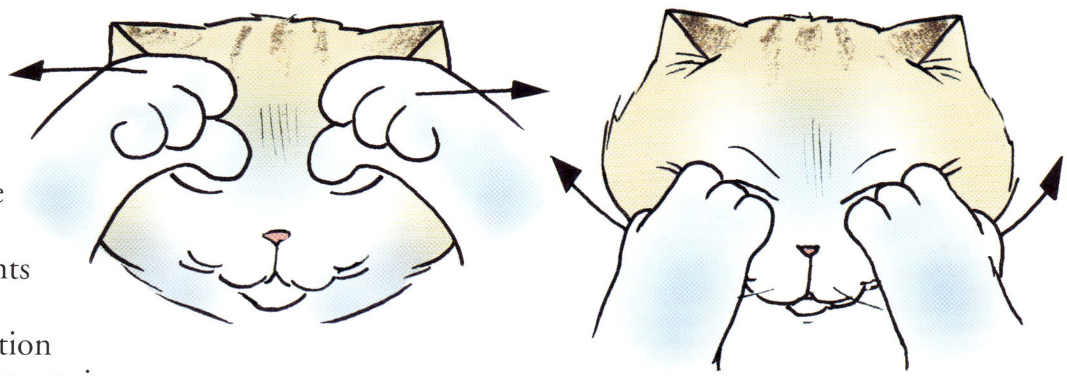

Le massage des yeux
Massez en appuyant avec un ou deux doigts.
Commencez par l'orbite, à l'angle de l'œil, continuez en massant les sourcils de l'intérieur vers l'extérieur puis l'arcade inférieure. Insistez légèrement sur les points douloureux situés dans les petits creux.
Terminez en lissant en diagonale en direction des tempes : glissez les mains, doigts tendus, puis l'ensemble des paumes. Ces massages améliorent la vision, les points autour des yeux sont appelés les points casse-lunettes !

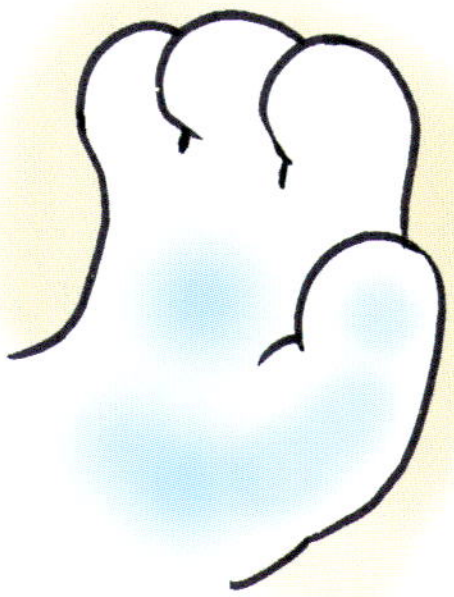

La coque de noix de coco

Formez deux coques hermétiques avec les mains en serrant bien les doigts. Placez les mains sur vos yeux fermés, les paumes reposant sur les pommettes. L'obscurité et la chaleur permettent aux yeux de se relaxer et de se ressourcer. Laissez reposer une minute.

Pour parfaire la détente, imaginez la couleur blanche se diffusant à l'intérieur des coques.

« La coque de noix de coco » peut se consommer sans aucune modération tout le long de la journée !

L'œil chaleureux

Mouillez les paupières de salive.

Posez le talon des paumes l'une contre l'autre en écartant les mains.

Frottez les paumes vigoureusement jusqu'à ce qu'elles soient brûlantes.

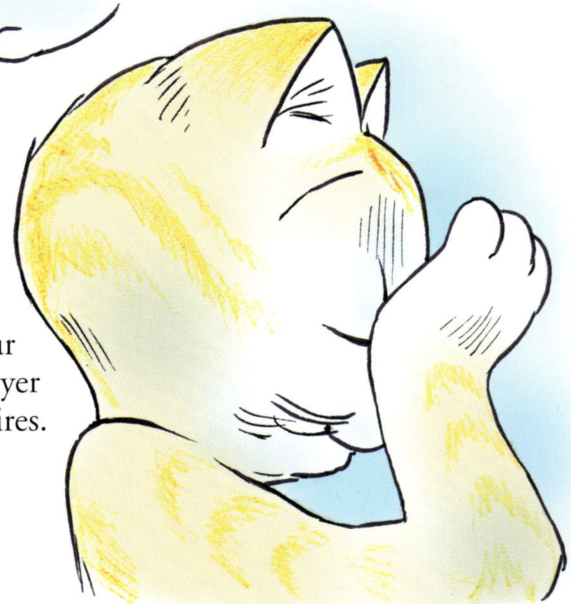

Posez les paumes des mains sur les paupières fraîches, sans appuyer sur les globes oculaires.

À faire trois fois.

Les yeux à l'infini 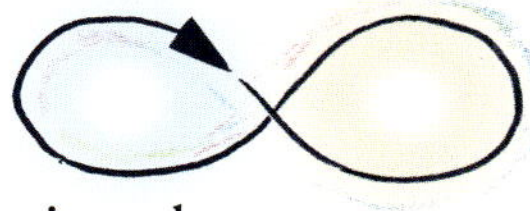

Les yeux ouverts, dessinez lentement un grand huit horizontalement avec votre regard, la tête reste immobile. Faites trois fois dans un sens, puis trois fois dans l'autre sens.

Fermez les yeux et reposez-vous quelques instants.
Cet exercice fait travailler l'ensemble des muscles de l'œil.

Regardez entre les lignes

Prenez un livre et regardez les zones blanches entre les lignes en suivant bien le sens de la lecture, sans sauter de lignes, exactement comme si vous lisiez un livre. « Lisez » une page entière d'interlignes une fois par semaine.

LE COU

L'usage intensif de l'ordinateur peut entraîner des douleurs au niveau des épaules, du dos et surtout de la nuque. Pour plus de confort, veillez à poser les avant-bras sur le bureau. La nuque porte les cinq kilos de votre tête. Elle a besoin d'être chouchoutée. Voici un enchaînement de petits mouvements lents, assis le dos droit, à faire une dizaine de fois chacun.

L'âne fait « hi-han »

Le mouvement part du menton sans baisser la tête. À l'inspiration, le menton entraîne la tête vers l'avant. À l'expiration, la nuque recule vers l'arrière. C'est un geste de petite amplitude.

Le héron boit

À l'inspiration la tête bascule vers l'arrière, pendant l'expiration la tête s'abaisse vers l'avant. Lorsque la tête part en arrière, ne forcez pas afin de protéger les cervicales.

C'est un étirement doux de la nuque.

L'éléphant se balance

La tête se penche lentement d'un côté, puis de l'autre.
À l'inspiration, la tête bascule tandis que l'oreille se rapproche de l'épaule; à l'expiration, elle bascule de l'autre coté.

La chouette s'éveille
C'est un mouvement alterné de rotation de gauche à droite, puis de droite à gauche.
La tête est baissée, menton contre gorge.
À l'inspiration, la tête tourne lentement de gauche à droite jusqu'à rejoindre l'axe central.

À l'expiration, la tête tourne lentement vers la droite, puis s'incline vers le bas à la fin de l'expiration.
À l'inspiration, la tête tourne de droite à gauche jusqu'à se retrouver dans l'axe.
À l'expiration la tête tourne vers la gauche et s'incline en fin d'expiration.

LE TÉLÉPHONE

La communauté des chats préfère utiliser d'autres moyens de communication comme les odeurs, par exemple. Nous ne comprenons pas cette frénésie qui s'empare des bipèdes lorsque sonne ce petit bout de plastique.
Nous vous proposons de vous mettre « à l'écoute » avec l'exercice suivant.

Écouter avec le cœur
Ne vous précipitez pas pour répondre. Installez un sourire sur vos lèvres avant de décrocher le combiné. Ce sourire naît au centre du cœur, rayonne dans tout le corps et fait étinceler vos yeux. À la première sonnerie commencez à sourire, à la deuxième sonnerie votre sourire s'élargit et illumine votre visage. Vous êtes prêt à répondre !

Faites de même lorsque vous devez téléphoner. Respirez profondément et souriez en pensant à la personne que vous allez appeler. « Écouter avec le cœur » améliorera votre qualité d'attention.

LA SOIRÉE

LA FÉLINE ATTITUDE POUR DÉCOMPRESSER

Massage des pieds, relaxation et conseils utiles pour bien finir la journée.

« *Il n'y a de place que pour la lumière,*
les ténèbres resteront au-dehors. »
Lao-tseu, philosophe chinois, VIe siècle avant J-C.

COMMENT DÉCOMPRESSER

Prendre son pied

Un moment fort attendu par les matous est le temps « des pattes de velours ». Nous aimons partager avec nos maîtres ce plaisir si doux venu de l'enfance. Nous joignons l'utile à l'agréable en nous massant en même temps les pattes ! Nous vous proposons un massage plus adapté à votre morphologie : « le rouli-roula ». Si vous êtes sédentaire ce massage activera la circulation sanguine. Vous avez trop marché et vos pieds sont douloureux ? « Le rouli-roula » vous délassera et soulagera les lourdeurs des jambes.

Le rouli-roula

Le pied, comme l'oreille, est le siège d'une représentation réflexe de l'ensemble du corps.

Munissez vous d'une balle pas trop dure de cinq à six centimètres de diamètre.

Debout, placez la balle sous le pied droit en la faisant rouler sous l'ensemble de la voûte plantaire et notez les zones tendues ou douloureuses. La balle peut sembler plus ou moins dure selon les endroits. Celle-ci ne change pas de densité mais révèle les tensions cachées. Massez ces zones avec une grande douceur tout en appuyant plus vigoureusement ailleurs.

Placer la balle contre le pouce et faites-la rouler vers le talon sur le bord interne (zone réflexe de la colonne vertébrale). Faites de même sur le bord externe.

Si la jambe gauche commence à fatiguer, arrêtez-vous quelques instants, soulevez légèrement la jambe gauche en pliant le genou. Secouez souplement le pied et la jambe plusieurs fois.

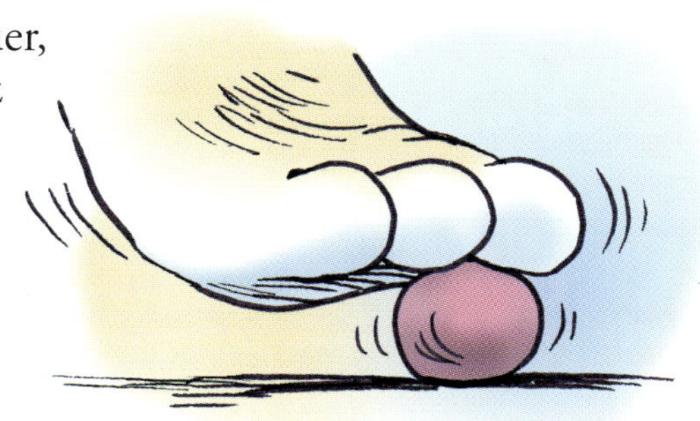

Avant de masser le pied gauche, faites quelques pas et comparez les sensations dans les deux jambes.

Que ressentez-vous ? Massez de la même façon le pied gauche avec la balle.

La puce des orteils

La plante du pied, le talon et les orteils au sol, placez une petite balle de deux à trois centimètres de diamètre centrée sous le pouce et faites-la sauter en avant en la pinçant avec le gros orteil, essayez 3 à 5 fois. Faites de même avec les autres orteils en veillant à toujours laisser les autres doigts et la plante du pied au sol. Puis passez à l'autre pied. Observez les réactions de votre corps.

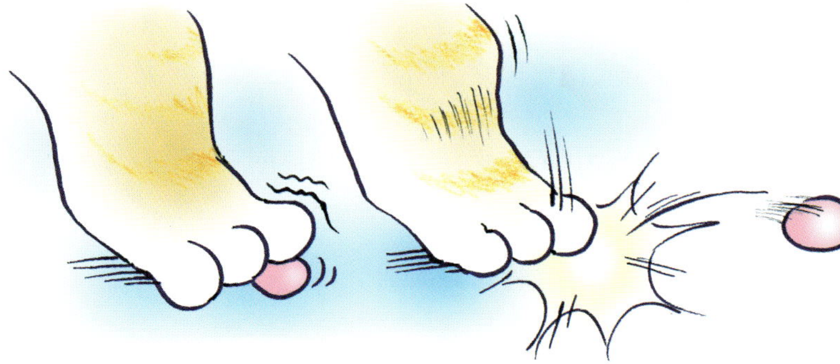

La danse des orteils

Assis par terre ou sur une chaise, posez le pied droit sur la cuisse gauche ou prenez une autre posture qui vous semble confortable pour atteindre vos orteils. Adaptez la position à votre morphologie ou demandez à un proche de vous masser. Manipulez vos doigts de pieds en tous sens, puis deux par deux en les faisant passer l'un devant l'autre. Passez un doigt entre chaque orteil. Placez vos mains de chaque côté des orteils. Frottez les d'avant en arrière afin de faire rouler les orteils les uns contre les autres.

LA RELAXATION

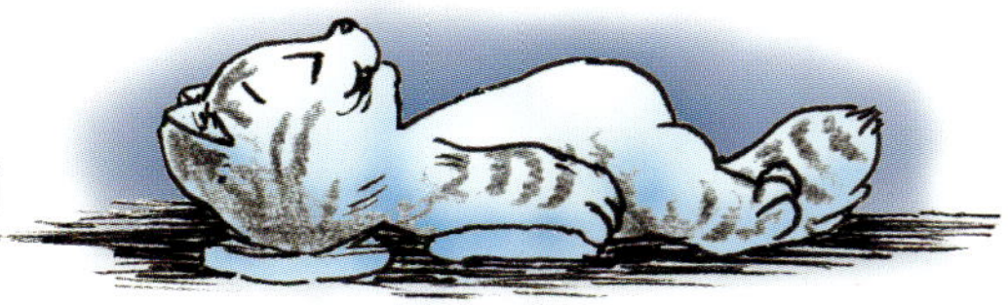

Pendant la soirée, nous adorons nous prélasser sur le canapé tandis que vous continuez à vous agiter. C'est pourquoi nous aimerions vous faire partager la crème de notre vie de chat, notre merveilleux secret : la relaxation profonde.

Créez une ambiance agréable dans la pièce avec de la musique douce et une demi-pénombre. Veillez à ne pas être dérangé, il n'est pas souhaitable de se lever brusquement dans cet état.
Installez-vous sur une surface dure afin de bien sentir les points de contact avec le sol. Pour plus de confort, confectionnez un « lit de relaxation » en plaçant un gros coussin sous les genoux légèrement repliés, deux coussins assez plats sous les avant-bras et un autre, peu épais, sous la tête. Munissez-vous d'une couverture, car le corps se refroidit en se relâchant.

La relaxation consiste à se détendre progressivement, en portant son attention sur les différentes parties du corps. Si cela vous semble difficile, imaginez que vous touchez les zones à relâcher.

Il existe plusieurs niveaux de détente : légère, moyenne et profonde.

Pendant les phases de relaxation profonde, nous sommes dans un état intermédiaire entre la veille et le sommeil : le corps semble dormir profondément alors que nous sommes parfaitement réveillés. Dans cet état particulier, nous sommes très réceptifs aux suggestions et formulations positives. Profitez-en pour prononcer mentalement quelques phrases bénéfiques : je rayonne de santé, d'harmonie et d'énergie, etc. Les phrases doivent êtres courtes et positives.

Bienvenue à l'intérieur de vous-même !

LA RELAXATION ENTRE CIEL ET TERRE

Ressentir la pesanteur
Respirez calmement pendant toute la durée de l'exercice, en essayant de garder l'immobilité.

Portez votre attention sur la jambe droite, du pied au genou.

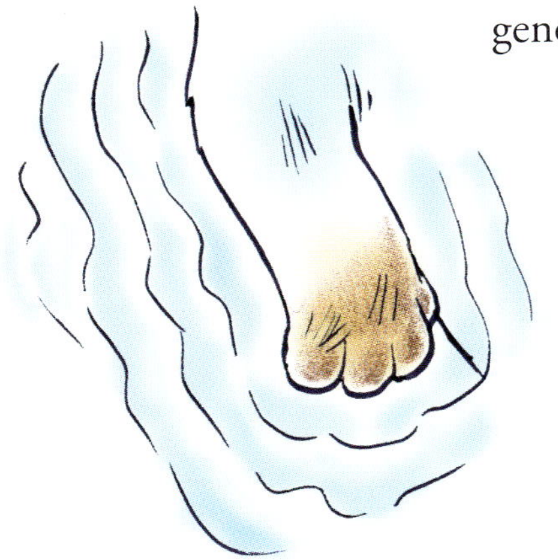

Observez les points de contact avec le sol.

Sentez la jambe droite se relâcher, s'alourdir, s'abandonner à la pesanteur.

Votre « regard intérieur » se dirige maintenant sur la partie supérieure de la jambe. La musculature de la cuisse, de la hanche et de la fesse droite se détend et repose lourdement sur le sol.

Sentez maintenant le poids de la jambe droite, du pied à la fesse, goûtez la profonde détente qui s'installe peu à peu…

Vous allez relâcher de la même façon la jambe gauche, du pied au genou. Puis la cuisse, la hanche et la fesse gauche.

Prenez conscience de l'ensemble de la jambe gauche complètement relâchée.
Appréciez comment reposent les deux membres inférieurs, soumis à l'attraction terrestre.
Vous allez détendre de la même manière l'ensemble du bras droit, de l'épaule à la main.
Puis le bras gauche.
Observez maintenant les deux bras, la sensation de lourdeur des membres, le contact des bras avec le sol…

Portez votre conscience dans le dos, détente de la colonne vertébrale et de la tête puis de l'ensemble du dos...

Tout le corps repose maintenant très relâché sur le tapis. Observez ce corps immobile, animé par le souffle.
Bien-être, calme et sérénité…

Ressentir la légèreté

Portez de nouveau votre attention sur l'ensemble de la jambe droite et sentez votre jambe devenir de plus en plus légère, comme si elle flottait à la surface du tapis.

Faites la même chose avec la jambe gauche.

Vos deux jambes reposent parfaitement détendues, allégées de leur poids.

Relâchez maintenant le bras droit, qui devient léger comme une plume.

Puis le bras gauche.

Sentez l'ensemble du corps souple, léger et vibrant.

Dans cet état très agréable, imaginez-vous allongé en pleine nature sur un tapis d'herbe moelleuse ou sur le sable chaud d'une plage. Votre dos, l'arrière de vos membres reposent, abandonnés, sur le sol. Sentez la face avant du corps en contact avec l'air pur et l'étendue infinie du ciel. Vous êtes si bien, allongé entre ciel et terre, en harmonie avec l'univers…

Prononcez maintenant, silencieusement, vos petites phrases positives.

Pour revenir à votre état d'éveil habituel, portez votre attention dans le ventre et respirez vigoureusement en restant toujours immobile. Puis commencez à bouger progressivement les doigts des mains et des pieds. Étirez-vous en tous sens. Faites des grimaces. Roulez sur le côté pour vous asseoir sans effort.

Ouvrez-les yeux.

Vous voilà réveillé, aussi détendu qu'un chat !

« *Je n'ai jamais voyagé si loin qu'à l'intérieur de moi-même.* »
Basmati, chat de gouttière parisien

UN SOMMEIL RÉPARATEUR

Nous sommes les champions du sommeil, nous dormons 16 heures par jour !
Nous sommes aussi les heureux gagnants du « trophée d'or du rêve » avec trois heures de sommeil paradoxal par jour contre une demi-heure pour vous. Alors, suivez le guide !

Le sommeil est composé de plusieurs cycles de 90 minutes.
Il est divisé en trois phases :
— le sommeil léger ou endormissement;
— le sommeil lent profond: il débute une demi-heure environ après l'endormissement. Les ondes cérébrales se ralentissent, les « fonctions réparatrices » s'activent : hormones de croissance, de régénération, croissance des cellules, mémorisation;
— le sommeil paradoxal: il permet de digérer les idées et les émotions. Il commence 90 minutes après le début du sommeil. Le corps est au repos, mais le cerveau et les yeux fonctionnent comme pendant l'état de veille. À la fin du cycle de sommeil paradoxal, un réveil de quelques secondes se produit. C'est le moment idéal pour se réveiller.

Par contre, se réveiller en phase de sommeil lent est plus difficile. Pour la sieste, une courte durée offre un réveil aisé. Respectez vos propres rythmes biologiques qui se modifient au cours de la vie.

CONSEILS POUR BIEN DORMIR

Avant de se coucher

Suivons l'adage félin : « Si tu veux passer une bonne nuit, passe d'abord une bonne journée ! »

Pour mieux dormir, pratiquez une activité physique, de préférence au grand air, en fin d'après-midi ou en début de soirée, comme une marche rapide d'une demi-heure, une petite séance de gym ou de yoga devant la fenêtre ouverte.
Attendez au moins deux heures après le dîner avant de vous coucher.
Cultivez une ambiance apaisante dans la chambre, la température située entre 18 à 20 degrés, et l'atmosphère assez humide.
Évitez de laisser dans la chambre les télévisions et ordinateurs qui rayonnent trois heures après utilisation (sauf les écrans plats).
N'utilisez pas de couvertures trop lourdes ou de matelas trop mous.
Se coucher avec les pieds et les mains chaudes favorise l'endormissement. Si vous avez les petons glacés, prenez un bain de pieds chaud.

Points favorisant le sommeil

Tirez les cheveux sur la zone située à l'arrière du crâne.
Et massez cette zone en suivant la frontière entre le crâne et le cou.

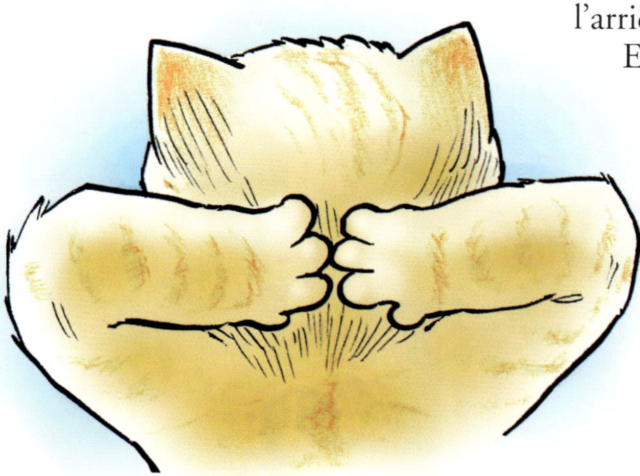

Pressez fortement le creux central au-dessus de la première cervicale, puis continuez de masser en remontant vers le crâne.

CONSEILS POUR SE RENDORMIR

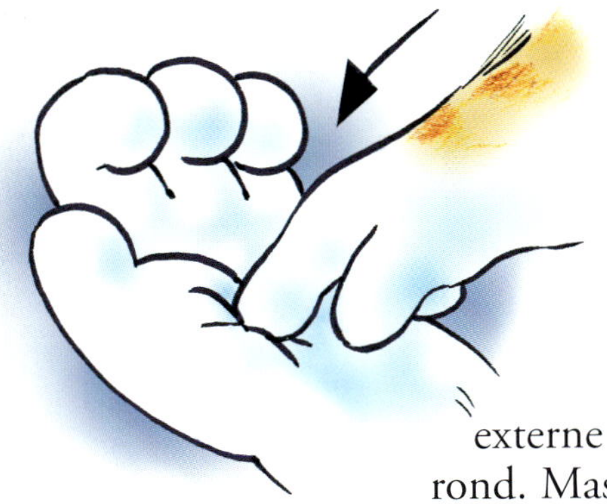

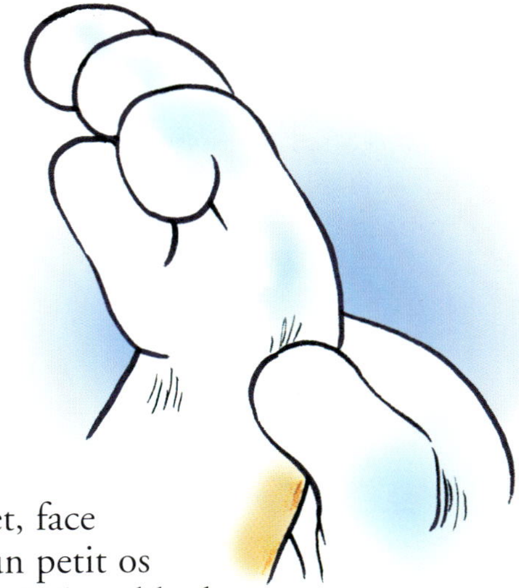

Points contre les insomnies
Sur la paume : au centre du mont de vénus, la bosse située sous le pouce.
Faites des pressions de cinq secondes pendant deux minutes.

« Les portes de l'esprit » : sur le pli de flexion du poignet, face externe en direction du petit doigt, dans un creux situé près d'un petit os rond. Massez le point du poignet gauche, puis celui du poignet droit (trouble du sommeil, anxiété, déprime, trac).

« Le point du sommeil » : derrière l'oreille, derrière l'os dans un creux assez sensible au toucher, à hauteur du lobe, appuyez en mouvements circulaires dans les sens inverses des aiguilles d'une montre. Faites un côté, puis l'autre.

Respirez
Pratiquer une respiration complète en vous concentrant sur le circuit suivant : votre attention est située dans vos pieds, remontez mentalement des pieds au sommet de la tête tout en inspirant, puis expirez en redescendant de la tête aux orteils.

Faire travailler l'estomac : mangez une pomme, un yaourt, buvez une tisane ou un café blanc (une cuillère à café d'eau de fleur d'oranger dans un verre d'eau chaude ou fraîche).

Imitez l'ample respiration du dormeur.

Laissez-vous flotter, imaginez-vous en train de dormir.

Le palais des songes

C'est une visualisation créatrice, un rêve éveillé. La couleur blanche a des vertus calmantes et relaxantes.

Les yeux fermés, imaginez ou visualisez quelques objets de couleur blanche comme des feuilles de papier blanc, une couverture blanche, une boule de coton, un mur blanc, une fleur blanche, une colombe… Il n'est pas nécessaire de voir réellement la couleur pour en ressentir les effets.

Ensuite, utilisez un blanc pur, éclatant, lumineux comme une colline couverte de neige dont les cristaux étincellent au soleil, un nuage éclairé par le soleil ou une étendue de sable blanc aux éclats de mica scintillants.

Imaginez cette pure lumière blanche vous entourant et se répandant dans la chambre.

Écoutez le chat ronronner
Les scientifiques ont découvert que notre ronronnement avait des vertus thérapeutiques. Son action anabolisante accélère les processus de cicatrisation et induit la production de sérotonine, l'hormone du sommeil.

Si vous ne dormez toujours pas, goûtez à l'« insomnie coquine » !

Maintenant, faites de beaux rêves… félins !

En bonus, voici notre élixir secret du bien-être :
une portion d'optimisme,
une autre de « lâcher-prise »,
une mesure de compassion,
un zeste d'humour
et, surtout, une bonne dose d'amour.

Aimez tout ce qui bouge autour de vous.
Aimez ce que vous êtes,
vos qualités comme vos défauts.

Et surtout, riez !

« *Le bonheur va vers celui qui sait rire.* ».
Proverbe cha-ponais

Aux Éditions du Relié
De Christian Gaudin
Histoires de chats zen
De Claire & Christian Gaudin
Massages pour chats
Yoga pour chats
De Jean-Louis Brodu & Christian Gaudin
Tai Chi pour chats
De Marc de Smedt, Sabine Rochas & Christian Gaudin :
Exercices d'éveil pour petits chatons

DES MÊMES AUTEURS

De Claire & Christian Gaudin
Le Chat de A à Z
(Éditions Soleil)

De MO cdm & Christian Gaudin
Une vie de chat
(Éditions Albin Michel BD)

Dépot légal : deuxième trimestre 2007
ISBN : 978.2.914916.94.3
ISSN en cours

Conception et réalisation graphique de Christian Gaudin
christiangaudin@cegetel.net

Achevé d'imprimer et de relier en mai 2007
sur les presses de l'imprimerie France Quercy, CEE.
N° d'impression : 70446